Yo exploro y cuido mi planeta
ⒸElena Pantoja
ⒸAndrea Vergara
ⒸPablo Luebert
ⒸLa Bonita Ediciones
Korean Translation copyright Ⓒ 2023 by Dabom Publishing Co. through VLP Agency, Chile & Greenbook Agency, Korea.

이 책의 한국어판 저작권과 판권은 그린북 에이전시를 통한 권리자와의 독점 계약으로 다봄출판사에 있습니다.
저작권법에 의해 한국 내에서 보호를 받는 저작물이므로 무단 전재와 무단 복제, 전송, 배포 등을 금합니다.

우리 집이 사라지고 있어

엘레나 판토하·안드레아 베르가라 글 | 파블로 루에버트 그림 | 김정하 옮김

다봄.

차례

1 아름다운 지구를 소개할게! --- 6

2 생명이 살아 숨 쉬는 지구 --- 22

3 물의 행성 지구 --- 38

4 하나뿐인 지구를 보호하자! --- 46

이 책을 읽기 전에

안녕?
우리는 모두 지구인이야.
지구에서 태어나 사는 사람을 지구인이라고 하잖아.
그런데 넌 지구에 대해서 얼마나 알고 있니?
만약 다른 별에서 온 누군가를 만난다면 지구를 잘 소개해 줄 수 있어?

지구는 드넓은 우주에 있는 행성 중 하나야.
태양으로부터 에너지를 받는 지구는 곳곳마다 기후가 달라서
자연 환경이 다채롭고, 지역마다 특색 있는 생물들이 살아가고 있어.

그런데 점점 자연 환경이 나빠져서 수많은 동식물이 사라져 버렸어!
지구 온난화로 거대한 태풍과 해일 등 이상 기후 현상이 발생했고,
과학자들은 더 이상 지구에게 미래가 없을지도 모른다고 경고했어.
대체 왜 이런 일이 일어나는 걸까?

난 지구를 아끼고 사랑하는 지구인으로서 가만히 있을 수 없어서
하나뿐인 지구를 지키는 여행을 떠나기로 결심했어!
**지구를 보호하는 첫걸음이 바로 지구에 대해
잘 아는 것이니까 말이야.**
너도 나와 함께하지 않을래?

지구 탐험가들이 챙겨야 할 탐험 도구

지구 환경을 위한 탐험을 떠나기로 했다면 아래 도구들을 준비하렴.

발견한 내용을 적고 그림을 그릴 **공책과 연필**

나침반과 GPS 기능이 있는 **전자기기**

자외선 차단제와 **해충 기피제**

아주 작은 것도 크게 보여 주는 **돋보기**

멀리 있는 걸 볼 수 있는 **쌍안경**

튼튼하고 편한 **운동화**

더위를 피할 **모자**

바다에서 쓸 **스노클과 구명조끼**

자세히 보여 주는 **현미경**

탐험 도구를 모두 챙겼다면 마지막으로 준비할 것은 바로 **인내심**이야.
뭔가를 제대로 발견하려면 시간이 걸리니까.
또 호기심도 필요해.
호기심이 없으면 어떤 탐험도 할 수 없거든.

모든 준비를 마쳤다면 아름다운 지구를 보호하는 지구 탐험 여행을 출발하자!

1
아름다운 지구를 소개할게!

우주에 가 본 적 있니?

우주는 우리가 상상하는 것 이상으로 드넓은 곳이야.

그 넓은 우주에 푸른 별 지구가 있어.

지구는 곳곳마다 기후가 달라서 극지방부터 열대 지방까지

다채로운 자연환경으로 아름다운 행성이야.

우리 함께 아름다운 지구를 우주에서부터 탐험해 볼까?

태양계의 행성, 지구!

밤하늘을 보면 수많은 별들이 반짝이는 걸 볼 수 있어.
별이 몇 개나 보이니?
별을 잘 관찰하려면 **망원경**이 필요해.
함께 별에 대해 알아보자.

별자리

밤하늘의 별들은 아주 작은 점처럼 보여.
그런 점들을 연결해서 비슷해 보이는 신화 속 동물 혹은
사물과 사람 이름을 찾아 붙인 게 바로 **별자리**야.
별자리는 별의 위치를 정하려고 가장 밝은 별을 중심으로
둥근 하늘을 몇 부분으로 나눈 거야.
계절에 따라 하늘에서 볼 수 있는 별들이 달라지는데
지구 위쪽인 북반구에서 어느 계절에나 볼 수 있는 별이 있어.
바로 북극성이야. 북반구에는 우리나라를 비롯해 북극과
아시아, 유럽과 북아메리카가 있어.

북쪽과 남쪽을 알려 주는 별

북극성은 북극 가까이에 있고
위치가 거의 변하지 않아서
북반구에서 북극성을 찾으면
어느 방향이 북쪽인지 알 수 있어.
북극성은 북두칠성 국자 머리 부분의
두 별을 이어 그 간격의 5배 떨어진
곳에 있어. 남반구에서는 남십자성이
남쪽을 알려 줘. 십자가 모양으로
밝게 빛나는 남십자성의
가장 긴 선을 아래쪽으로 4.5배만큼
늘리면 그 끝이 바로 남쪽이야.
북쪽과 남쪽을 알면 동쪽과
서쪽은 금방 찾을 수 있겠지?

동, 서, 남, 북 찾는 법

우리나라에서 동쪽은 태백산맥이 있는 쪽이야.
동쪽을 찾고 나면 나머지 방향을 찾기가
무척 쉬워. 왜냐하면 두 팔을 어깨 높이까지
벌리고 섰을 때, 오른손으로 동쪽을 가리키면
왼손이 가리키는 쪽이 서쪽이고 우리가
바라보는 곳이 북쪽, 우리 뒤가 남쪽이거든.
태양을 보고도 찾을 수 있어.
태양은 오전에는 동쪽에 있고, 정오엔 남쪽,
오후엔 서쪽에 있으니까 말이야.

태양계

지구는 태양계에 속해 있어. 태양계는 태양과 태양을 중심으로 공전하는 8개의 행성들로 이루어져 있지. 공전은 일정한 주기를 갖고 행성 주위를 도는 걸 말해. 지구에서의 삶은 태양에 전적으로 의존하고 있어. 만약 지구가 태양과 조금이라도 멀리 떨어진다면 지상의 모든 것이 얼어붙을 거야. 반대로 가까워지면 모든 게 불타오르겠지.

망원경으로 태양계를 관찰해 보자.

태양과 두 번째로 가까이 있는 금성은 지구와 크기가 같은데, 지구인이 금성에서 사는 건 불가능해. 너무너무 뜨겁거든!

금성

수성

태양과 가장 가까이 있는 수성은 태양계에서 가장 작은 행성이야. 태양 주위를 한 바퀴 도는 데 88일밖에 안 걸려.

지구!

화성

해왕성

태양계의 가장 마지막 행성으로 해왕성 주변에는 거센 바람이 불어서 대흑점이라는 소용돌이가 있고 희미한 고리를 갖고 있어.

태양과 세 번째로 가까이 있는 지구는 태양을 한 바퀴 도는 데 365일이 걸려. 달이라는 위성을 갖고 있는데 달은 지구가 태양을 도는 것처럼 지구 주위를 돌아. 우주에서 지구를 보면 푸른 지구가 정말 아름답다는 걸 알 수 있단다.

태양과 네 번째로 가까운 행성인 화성은 지구 절반 정도 되는 크기로 붉은 행성이야. 태양 주위를 한 바퀴 도는 데 687일이 걸려. 과학자들은 미래에 인류가 화성에 가서 살 수도 있다고 하지.

천왕성

목성

토성

일곱 번째로 태양과 가까운 천왕성은 해왕성과 형제 별이라고 불릴 만큼 비슷하게 생겼어. 대기를 덮고 있는 가스 때문에 청록색 별로 보이지. 태양계에서 가장 차가운 행성이야.

태양계에서 가장 큰 목성은 다섯 번째로 태양과 가까운 행성이야. 목성에서는 시간이 너무 빨리 흘러서 지구에서의 24시간이 목성에서는 9시간 55분밖에 안 돼.

여섯 번째로 태양과 가까운 행성인 토성은 아름다운 고리로 유명해. 대부분이 얼음으로 이뤄져 있어. 태양을 한 바퀴 도는 데 29년이나 걸리고 현재 토성 주위에서 35개의 위성이 발견되었어.

인간과 지구

아주 먼 옛날 ……

지금으로부터 약 20만 년 전에 우리와 비슷한 사람들이
지구에 살기 시작했어. 그들은 무리를 지어 살았고
열매를 따 먹으며 먹을 것을 찾아 이동하며 살았어.
가끔 동물들을 사냥하면서 말이야.
시간이 흘러 사람들은 땅을 경작하고 곡물을 수확했어.
돌과 나무, 광물을 이용해 연장을 만들었고
비와 추위를 피하려고 집을 짓고 살았어.
지구에 사는 사람들 수는 점점 늘어났고
그만큼 마을도 점점 커졌어.
사람들은 기계로 여러 물건을 만들었고
마을은 큰 도시가 되었어.

오늘날 ······

지구에는 약 79억 명의 사람들이 살고 있어.
옛날과 비교하면 정말 놀라울 만큼 인류의 삶은
발전하고 편리해졌어. 하지만 자연 환경은
무분별하게 파괴되었고 지구에서 함께 사는
수많은 생물들이 살 곳을 잃고 멸종했어.
지구는 수많은 생명이 함께 어우러져 사는 곳인데,
그 조화가 깨지면 지구는 물론 지구에 사는
생명들의 삶이 위험해져.
늦지 않았어. 지금부터라도 우린 지구를
보호하는 일에 앞장서야 해!

계절은 왜 변할까?

계절은 어떤 지역에서 오랜 기간 규칙적으로 나타나는 자연 현상으로 일 년을 **봄, 여름, 가을, 겨울**, 네 계절로 구분한 거야. 계절이 달라지는 건 둥근 지구가 약간 기울어진 채로 자전하며 태양 주위를 한 바퀴 돌아서 그래.
자전은 지구가 북극과 남극을 잇는 자전축을 중심으로 스스로 회전하는 거야. 그런데 이 지구의 자전축이 23.5도 기울어져 있어서 자전축이 태양을 향할 때는 북반구가 태양열을 많이 받아서 여름이 되고, 태양 반대쪽일 때는 태양열을 적게 받아 겨울이 돼. 남반구는 북반구와 계절이 반대라 북반구가 여름이면 남반구는 겨울이지.

계절에 따른 변화를 찾아보자.

일 년 동안 계절이 달라지는 걸 생각해 봐.
봄이 된 걸 어떻게 알까?
계절마다 먹을 수 있는 과일들이 다르지?
나무들은 계절에 따라 어떻게 변해?
자연에서 나타나는 변화들을
공책에 한번 적어 봐.

봄

봄은 일 년 중에서 첫 번째 계절로 식물들이 가장 먼저 봄이 온 걸 알아차려. 나뭇잎 하나 없던 나뭇가지에 싹이 트면서 말이야. 만약 이 나무가 과일 나무라면 활짝 핀 꽃에서 사과와 살구, 복숭아 같은 과일이 여름이나 가을에 열린단다.

여름

사계절 중 두 번째 계절로 낮이 길어지고 더운 날들이 계속돼.
아이들은 더위를 피해 수영장에 가고 반팔 티셔츠와 짧은 바지를 꺼내 입어. 자외선을 피할 모자도 꼭 써야 해. 여름이 오면 수박과 참외를 먹을 수 있어.

가을

후끈한 바람이 서늘해지면 가을이 온 거야.
초록빛으로 가득했던 가로수는 어느새 울긋불긋한 단풍이 들고, 하나둘 잎사귀를 바닥으로 떨궈.
여름 한철 부드러웠던 초록 잎사귀가 쉽게 부스러지는 갈색 잎으로 변한 걸 관찰해 봐.

겨울

지구가 태양으로부터 가장 멀리 떨어져 있을 때, 기온이 낮아지며 추운 날씨가 계속돼.
손과 발이 꽁꽁 얼 만큼 바람은 차가워지고 눈이 펑펑 쏟아지기도 하지.
겨울엔 추위로부터 우리 몸을 보호해야 해. 따뜻한 옷을 챙겨 입고 감기와 같은 병에 안 걸리게 조심하자! 물론 눈이 왔을 때는 눈사람을 만들고 썰매 타는 걸 잊지 마.

계절마다 달리 만나는 제철 과일과 채소들

봄에는 딸기, 오렌지, 냉이, 미나리, 양배추, 햇감자, 햇양파, 양상추, 아스파라거스, 콩이 **여름**에는 참외, 수박, 포도, 토마토, 복숭아, 자두, 멜론, 오이, 옥수수, 파프리카, 샐러리, 무화과, 적양파, 가지가 **가을**에는 사과, 감, 버섯, 대추, 고구마, 밤, 당근, 감자, 순무, 우엉, 단호박이 **겨울**에는 귤, 배, 무, 배추, 석류가 제철 과일과 채소야.
네가 좋아하는 과일과 채소는 뭐야? 이 중에서 안 먹어 본 과일과 채소가 있니?

서식지란?

생물들이 삶의 터전을 이루는 자연환경이야.
인간과 동물들은 서식지에 따라
서로 다른 생김새와 생활 양식을 만들며
환경에 적응해 왔어. 지구에 어떤 곳들이
있는지 알려 줄게!

넌 어디에서 살고 있어?
네가 사는 곳은 어디니?
도시? 숲? 바닷가?
모두 다 다른 곳에서 살고
있을 거야. 주변을 살펴서
네가 사는 곳이 어디인지 알아봐.

사막

일 년 중에서 비가 오는 날이 정말 손꼽을 만큼 적은 건조한 지역이야. 그러다 보니 사막에서는 물을 많이 필요로 하지 않는 선인장 같은 종류의 식물들이 잘 자라. 또, 낙타와 도마뱀처럼 특수한 능력을 지닌 몇몇 동물들만 사막에서 살 수 있어.
낙타는 10분 만에 159리터의 물을 마시고 모래가 눈에 들어가지 않도록 아주 긴 눈썹을 갖고 있고 도마뱀은 주변 온도에 따라 체온을 조절할 수 있어.

초원

풀들로 덮인 들판이야. 아주 추운 극 지역을 제하고는 모든 곳에 넓게 펼쳐져 있어. 기온이 온화한 온대 지방에도 있고, 매우 더운 열대 지방에도 있어. 양이나 염소처럼 풀을 좋아하는 초식 동물과 사자나 표범처럼 고기를 사냥해 먹는 육식 동물들이 함께 살고 있어.

열대 우림

일 년 내내 비가 많이 오고 기온이 높아서 온갖 종류의 식물이 살고 있어. 새와 곤충들도 많이 살고 있는데, 지구에서 가장 생존을 위협받는 서식지 중 하나야. 사람들이 나무를 너무 많이 베어 버렸거든.

생물들의 서식지를 돌보자!
인간은 다른 생물들의 서식지에서 가장 위험한 존재라고도 할 수 있어. 지금이라도 우리는 나무를 가꾸고 생물들을 보호하는 일에 적극적으로 참여해야 해.

산악 지대

8천 미터 이상의 높은 산들이 가파르게 솟아 있는 곳이야. 하늘과 가까워서 기온은 매우 낮고 또 비도 많이 내려. 아침저녁으로 기온 차이도 커. 그럼에도 산악 지대 기후에 적응한 동물과 식물들이 적지 않아. 지구에서 가장 높은 산이 뭔지 아니? 바로 아시아에 있는 에베레스트산이야.

북극과 남극

지구에서 가장 추운 서식지야. 남극에 사는 황제펭귄은 펭귄 중에서 가장 큰 펭귄인데 먹이를 찾으려고 바닷속 565미터까지 잠수할 수 있어.

돌고 도는 물

지구 표면의 75퍼센트를 차지하는 물은 모든 생명에게 꼭 필요한 거야.
하늘을 한번 올려다 봐. 마치 솜처럼 보이는 구름은 수증기가
하늘 높이 올라 매우 작은 물방울이나 얼음 알갱이로 변해 모인 거야.
수증기가 많이 오르면 구름은 회색빛으로 바뀌고 물방울들을 땅으로 떨구는데
그게 바로 비야. 비가 내리면 물은 땅으로 돌아와 강을 이루고 바다로 흘러가는데,
이 물들이 열을 받으면 수증기로 변해 하늘로 다시 올라 구름이 돼.
구름에 수많은 수증기가 모이면 다시 비가 되어 내리지.
이게 바로 **물의 순환**이야!

무지개

햇빛이 공기 중의 물방울을 통과할 때
일곱 가지 색으로 나타나는 것이
바로 무지개야!

번개, 벼락, 천둥

구름들이 서로 부딪히면 하늘에서 빛이 번쩍여.
바로 **번개**야. 번개가 칠 때 땅에 떨어진 **벼락**을
맞으면 목숨을 잃을 수도 있어. 번개가 칠 때는
벼락을 조심해야 해.
번개를 보면 1부터 6까지 세어 봐.
그럼 하늘에서 무척 큰 소리가 들려 올 거야.
그 소리가 바로 **천둥**이란다.

안개와 실안개

공기 중의 수증기가 땅 가까이에서 물방울로 변해 떠 있는데,
그게 바로 **안개**야. 안개가 낀 곳을 걸으면 바로 앞의 것도
잘 보이지 않아. **실안개**는 엷게 낀 안개를 부르는 말이야.

아마존과 구름 공장

아마존은 전 세계에서 가장 큰 열대 우림이야.
브라질, 에콰도르, 페루, 콜롬비아와 같은 중남미 국가들과 무척 가까이에 있어. 우리나라 넓이의 70배나 된다니 정말 큰 숲이지?
아마존에는 수많은 동식물들이 살고 있어.
그래서 인류의 보물이라고 할 수 있지.
아마존은 구름 공장이라고도 불려.
이 숲에서 물방울들이 공기 중으로 떠올라 끊임없이 구름을 만들거든. 구름은 지구 전 지역으로 흘러가 곳곳에 비를 내리지.
그러니까 우리나라에서 비가 내릴 때 떨어지는 물방울들은 아마존에서 온 물방울이라고 할 수 있어.
한마디로 지구 모든 곳에 떠다니는 구름을 만드는 곳이 바로 아마존이라는 말씀!

아마존에 큰 불이 났어.
2019년에 아마존에서 여러 차례 큰 불이 났어. 대부분 사람들이 불을 낸 것으로 알려졌지.
아마존 밀림의 수천만 제곱미터가 불에 탔는데 축구장 만 개 정도의 크기라고 해.
지구 온난화로 건조하고 더운 지역이 늘어나서 불은 더 쉽게 번졌어. 또 아마존 밀림에서 너무 많은 나무들을 뽑아 땅이 많이 건조해진 것도 쉽게 불이 난 원인이지.

불이 나면 밀림에 사는 수많은 동물들은 어떻게 되는 걸까?

지구의 구름 공장이 사라지면 무슨 일이 일어날까?

동물 세상

지구에는 사람들만 살지 않아.
수많은 다른 생명체들도 함께 살고 있어.
각자 자연 환경에 적응하며 생존하고 있지.
지구의 자연 환경이 지역마다 다른 만큼 지구 곳곳에
서로 다른 특징을 지닌 생명체들이 가득해.
그래서 과학자들은 수많은 동물들을 기준을 잡고
분류해 보았어.
그중 하나로, 머리뼈부터 엉덩이까지 이어진 척추가
없는 동물은 무척추동물이라고 불러.

네가 살고 있는 곳 주변에는 어떤 동물들이 살고 있니?

네 주위에 있는 생명체들을 찾아봐.
반려동물도 좋고 공원에 있는 새나
곤충들도 좋아.
척추동물이니? 아니면 무척추동물이니?
육식 동물인지 초식 동물이니?
그림을 그려 볼래?

무척추동물

지구에 사는 동물 대부분이 무척추동물이야!
해파리, 민달팽이, 오징어와 같은 연체동물과
게와 거미와 같은 절지동물이 대표적이지.
하나의 세포로 이뤄진 동물은 단세포 동물이라고
하는데 현미경으로만 볼 수 있어.
무척추동물들은 대부분 한곳에서 다른 곳으로
이동할 수 있어.

조류는 폐와 깃털이 있어.
모든 새들이 조류야.

어류는 아가미로 호흡하고 비늘이 있어.
강물과 바닷물에 사는 모든 물고기가 속해.

척추동물

척추동물은 발달된 뇌를 갖고 있어.
물고기처럼 물에 사는 어류, 개구리처럼 땅에서도 물에서도 사는 양서류, 도마뱀과 같은 파충류, 닭과 같은 조류, 새끼를 낳는 포유류 등이 척추동물이야. 척추동물에 속한 다섯 종류를 살펴볼까?

포유류는 폐로 호흡하고 털이 있으며 젖을 먹여 새끼를 키워. 곰, 사자, 개, 고양이 그리고 사람이 포유류야!

파충류는 폐로 호흡하고 비늘이 있어.
구렁이와 뱀이 대표적인 파충류야.

육식 동물

동물을 무엇을 먹는지에 따라 분류하기도 해.
육식 동물은 고기를 주로 먹는 동물로 먹잇감을 사냥해야 해. 날카로운 이빨과 시력이 좋은 눈 그리고 위아래로 잘 움직이는 턱을 갖고 있어. 사자와 호랑이가 대표적인 육식 동물이야.

초식 동물

풀과 같은 식물을 주로 먹는 동물이야.
육식을 하는 동물들에게 잡아먹히지 않게 주변을 잘 살펴야 하지. 그래서 양 옆에 눈이 난 동물들이 많아. 풀을 잘 씹을 수 있는 평평하고 네모난 이빨을 갖고 있어. 소와 토끼, 양이 대표적인 초식 동물이야.

양서류는 폐와 피부로 호흡해서 땅과 물에서 살 수 있어. 개구리와 두꺼비가 양서류야.

잡식 동물

모든 종류의 음식을 먹을 수 있어. 인간과 돼지, 쥐가 대표적인 잡식 동물이야.

2 생명이 살아 숨 쉬는 지구

지구에는 참 많은 생명체가 함께 살고 있어.
집 앞 공원에만 나가도 그 사실을 금세 알 수 있지.
키가 큰 나무부터 보드라운 풀과 향기로운 꽃들,
그 사이로 부지런히 움직이는 벌레들,
하늘 높이 자유롭게 날아다니는 새들까지!
지금부터 지구에 사는 생명체들을 함께 만나 보자.
준비되었지?

꽃과 곤충들

꽃과 풀이 있는 곳엔 언제나 곤충들이 놀러 와.
식물은 곤충에게 먹이를 주고
곤충은 식물의 번식을 도와 줘.
꿀벌이나 나비, 딱정벌레를 만나고 싶다면
그들이 좋아하는 식물들을 심어 봐!

곤충들을 찾아볼까?

언덕이나 공원, 숲, 정원에 가서
땅 위를 잘 관찰해 봐.
부지런히 움직이는 곤충들을 만날 거야.
몇 마리나 보았어? 곤충들이 무엇을
하고 있니? 어떤 곤충인지 알겠어?
다리 수도 세어 보고 무얼 먹는지,
날개는 얼마나 큰지 관찰해 보고
주변 식물들도 자세히 살펴봐.
그럼 그곳에서 사는 곤충들도 만날 거야.

백일홍

꽃이 백일 동안 붉게 핀다고
백일홍이라고 불러. 하지만 실제로는
노란색, 흰색 꽃도 피운단다.
해가 잘 드는 곳에서 가꿔 봐.
그럼 무당벌레들이 찾아올 거야.
겨울에 씨를 보관해 두면 해마다
백일홍을 볼 거야.

라벤더

향기가 진한 연보라색 꽃이야.
라벤더 꽃이 피면 벌들이 몰려
올 거야. 라벤더는 해가 잘 드는
곳에 심고 물은 조금만 줘야 해.

아부틸론(청사초롱꽃)

벌새가 가장 좋아하는 꽃으로 꽃이
꼭 종처럼 생겼어. 여러 색의 꽃이 피는데
넌 어떤 색이 가장 마음에 드니?

땅벌

땅벌은 땅속에 집을 짓고 사는 벌이야.
꽃들의 꽃가루받이를 도와주고 꿀과 꽃가루를 얻어.
열심히 일만 하는 일벌과 알을 낳는 여왕벌 등
땅벌은 무리를 지어 살아.
땅벌이 날아갈 때는 정말 커다란 소리가 나.
"위이잉" 하고 말이야.

진딧물

식물들이 안 좋아하는 아주 작은 곤충이야.
식물의 진을 빨아먹고 감로라는 당분을
배출하는데 감로 때문에 잎이 까맣게
더럽혀지고 엽록소가 파괴되어서
식물들이 광합성을 못하게 돼.
광합성은 식물이 엽록소를 이용해서
햇빛에서 에너지를 흡수해 양분을 만드는
거야. 하나 다행인 건 진딧물이 다른
곤충들이 좋아하는 먹이란 거야.

나비

조그만 알에서 애벌레가 나와서 잎사귀를 열심히
갉아 먹는 걸 본 적 있니?
애벌레가 잎사귀를 충분히 먹으면 입에서 실을 토해
제 몸을 감싸는데 이걸 '고치'라고 해. 고치 속에서
애벌레는 번데기가 되고, 시간이 흐르면 번데기가
아름다운 나비가 된단다.

무당벌레

작고 동그란 빨간 몸에 검은 점 무늬의
날개를 달고 있는 아주 귀여운 곤충이야.
진딧물과 같은 해충을 먹어서 식물에게
이로운 친구지. 유럽에서는 무당벌레가
행운의 상징이어서 정원에서 무당벌레를
만나면 행운이 찾아온다고 믿어.

꿀벌

꽃의 꿀을 먹는 대신 꽃가루를 몸에 묻혀 다른 꽃으로
옮겨 주는 고마운 곤충이야. 꿀벌들 덕분에 꽃들이
열매를 맺을 수 있어. 꿀벌이 수술의 꽃가루를
암술머리에 옮겨 주는 것을 수분 또는 꽃가루받이라고 해.
여러 형태의 꽃가루받이를 통해 수많은 식물들이
번식하는 거란다.

땅에 사는 동물들

땅에 사는 작은 동물들이 널 보면 분명 숨을 거야.
왜냐하면 넌 그들에게 거인처럼 보일 테니까.
작은 동물들이 궁금해도 덥석 만지지는 마.
가만히 지켜보는 건 괜찮아.

지렁이의 몸은 조그만 털이 달린 여러 개의 고리들로 이루어져 있어.
지렁이가 움직일 때는 근육이 비틀리고 털들이 다리 역할을 해.
비가 온 다음에 지렁이를 찾아봐. 땅이 축축한 걸 지렁이가
좋아하거든.

거미는 흔히 곤충으로 오해하는데 곤충이 아니야.
곤충은 몸이 머리, 가슴, 배로 나뉘고 다리가 여섯 개인데
거미는 몸이 머리와 가슴이 합해진 머리 가슴과 배로 나뉘어.
거미의 머리 가슴에는 다리가 여덟 개 달려 있어.

퇴비를 만들어 보자!

스티로폼 상자에 흙을 담고
음식물 쓰레기 중에서 마른 과일
껍질이나 채소를 가위로 잘게 잘라
넣어 줘. 이때 흙은 음식물 쓰레기보다
세 배 정도 많아야 해. 상자에 공기가
통하게 구멍을 내고 양파 망이나
광목천으로 벌레가 들어가지 않게
막아 줘. 흙이 축축하게 물이나
쌀뜨물을 뿌리고 매일 흙을 뒤섞어 주렴.
2주 후엔 식물들에게 줄 비료가
만들어질 거야.

개미들은 여왕개미와 일개미 그리고 병정개미 등
각자 자기가 맡은 일을 하며 무리를 지어 살아.
개미를 발견하면 설탕을 놓고 개미가 설탕을
찾아올 때를 기다려 봐. 그러고 나서 설탕을 들고
가는 개미를 따라가면 개미굴을 발견할 거야.

쥐며느리는 곤충이 아닌 **갑각류**야!
바닷가재, 새우, 대하, 따개비 등 몸이 마디로 되어 있고, 딱딱한 외골격으로 싸인 동물을 갑각류라고 해. 쥐며느리는 위험을 느끼면 몸을 공처럼 동그랗게 말아. 아코디언 모양의 골격으로 몸이 싸여 있어서 가능한 일이지. 화분이나 돌멩이, 썩은 나무둥치 아래처럼 습하고 어두운 곳에서 찾아볼 수 있어.

밤이나 구름이 낀 날, 식물들이 있는 외진 곳에서 **달팽이**를 찾아봐. 달팽이는 머리에 기다란 두 개의 안테나가 있는데 그게 눈이야! 달팽이는 누가 몸을 건드리면 자기 몸을 작게 만들 수 있단다.

날개 없는 벌레들만 땅속에 숨을 수 있는 건 아니야. 땅속에 사는 **포유류**들도 있어!

포유류인 **토끼**와 **두더지**는 땅을 파서 숨을 공간을 만들어. 바로 굴이야. 운이 좋으면 토끼나 두더지가 땅 위로 고개를 살짝 내밀었다가 재빨리 숨는 걸 볼 수도 있어. 둘 다 무척 잘 숨어서 쉽게 보기 어려운 친구들이거든.

나무들아, 고마워!

나무는 우리에게 시원한 그늘을 주고, 과일과 같은 먹을거리를 만들어 줘. 그뿐인가? 나무는 공기 중의 이산화 탄소를 들이마시고 산소를 내뿜지.
이처럼 나무는 지구 공기를 맑게 해 주는 참 고맙고 중요한 생명체란다.

나무들을 잘 알고 있니?
우리나라에서 자라는 나무들과 다른 나라에서 들여온 나무를 함께 알아보자.

모든 나무가 꽃을 피울까?

이 주제로 조사를 해 봐.
집에서 가까운 거리를 여러 날 동안 다녀보고 관찰한 것을 기록해.
관찰한 바에 따라서 의견을 제시해 봐.
과학자처럼 연구를 하는 거야!

노토파구스 돔베이는
칠레, 호주처럼 더운 남쪽 지방에서 자라는 나무야. 비를 좋아해.
타원형의 작은 잎은 가장자리에 물결 모양 톱니가 있어.
나무가 아주 튼튼하고 높이 자란단다.

대왕야자는
더운 지역에서 자라는 나무로 우리나라에선 주로 남쪽 지방에서 볼 수 있지.
꽃도 피고 열매도 열린단다.

떡갈나무는
키도 크고 덩치도 큰 나무야.
가을이 되면 잎이 떨어져. 목재가 단단해서 가구와 배를 만들 때 많이 쓰여. 가을이면 열매도 열려.

새 둥지

수많은 새들에게 나무는 멋진 집이야. 키가 큰 나무 위에 둥지를 지으면 다른 동물들이 쉽게 올라올 수 없고 나뭇잎이 햇빛과 비로부터 새들을 보호해 주잖아. 가로수를 잘 보면 높은 곳에 새들이 지어 놓은 둥지를 금방 찾을 수 있어.

인간보다 훨씬 오래 사는 나무들이 있어!

우리나라에서 가장 오래 산 나무는 울릉도에 있는 향나무야. 절벽 위에 뿌리를 내리고 서 있는데 약 2천 살이 넘는다고 알려져 있어.

버드나무는 물을 좋아해서 강이나 운하와 같은 물가에서 만날 수 있어. 무성한 나뭇가지들이 축 늘어져서 바람에 날리는 모습이 참 멋져.

아라우카리아는 요즘 가정에서 공기 정화 식물로 화분에서 많이 키우는데 호주나 칠레 등 원산지에선 50~70미터까지도 자라는 큰 나무야. 열매가 솔방울처럼 생겼는데 멸종 위기에 처한 식물이란다.

은백양은 무척 키가 크고 빨리 자라. 바람을 막아 주려고 가로수로 많이 심어.

삼나무는 가지들이 위쪽을 향해 뻗어서 안 그래도 큰 키를 더 크게 보이게 해. 무리 지어 사는 나무로 튼튼하지.

29

하늘을 나는 새

척추동물 중에서 하늘을 날 수 있는 동물을 모두 새라고 불러. 대부분 깃털로 덮인 몸에 날개가 있어서 어디든 날아다닐 수 있지. 전 세계에는 약 1만여 종의 새들이 살고 있는데 하늘을 자유롭게 나는 벌새부터 날개는 있지만 날지 못하고 땅에서 생활하는 닭과 타조, 계절마다 사는 곳을 바꾸는 철새 등 다양한 모습과 방식으로 살아가고 있어. 우리 곁에서 쉽게 찾아볼 수 있는 새들을 소개해 줄게.

깃털을 찾아보자!

공원과 숲을 거닐다 보면 바닥에 떨어진 깃털을 볼 수 있어. 어느 새의 깃털인지 알아보자!

벌새

벌새는 꽃을 찾으면 꽃 앞에서 세차게 날갯짓을 하면서 긴 부리로 영양분을 섭취해. 꽃이 많은 곳에서 볼 수 있어!

어두운 색 깃털로 둘러싸였지만 붉은 가슴이 눈에 띄는 새야. 길고 뾰족한 부리로 벌레와 열매, 씨앗을 찾는 모습을 쉽게 만날 수 있을 거야.

레이스테스 로이카

멧비둘기

여러 종류의 회색 깃털을 가진 멧비둘기는 씨앗을 좋아해! 번식하는 시기에 자기 짝을 무척 사랑하고 돌봐서 서양에선 사랑에 빠진 사람들을 멧비둘기 같다고 해.

개똥지빠귀

참새는 무척 찾기가 쉬워.
도시 가까이 나무와 숲이 있는 곳에선
어디서나 만날 수 있어. 짧은 부리를
가진 작은 새야.

참새

회갈색 깃털과 빛나는 노란 부리와 발을 지닌
멋진 새야. 정원에서 가장 우아한 친구지.
구석에 숨어 있는 지렁이를 찾으면서
아침저녁으로 노래를 불러.

검은개똥지빠귀

완전히 까만 새야.
무리를 지어서 한 나무에서
함께 노래를 부를 때면
무척 떠들썩해.

모든 새들이 날까?
아니야. 다른 방식으로 진화한
새들이 있어. 멋지게 헤엄을 치는
펭귄도 있고 정말 빠르게 달리는
아메리카타조도 있어.

땅에서 자라는 곡식과 채소

논과 밭에서 사람들은 땅을 경작하고 씨를 뿌려서 곡물과 채소를 기르고 과일 나무를 키워. 농장에선 소와 돼지, 닭을 기르며 우유와 달걀을 얻어. 논과 밭, 수목원과 농장에서 사람들이 먹는 식재료들을 알아보자.

네가 먹는 음식들의 재료가 어떻게 자라고 어디에서 오는지 알고 있니?

씨를 뿌리자!

물론 집이나 아파트에서도 씨를 뿌려 채소를 기를 수 있어. 흙과 화분, 햇빛과 물만 있으면 돼. 가장 좋아하는 채소 씨앗을 구하고, 모종삽으로 조심스럽게 씨를 뿌려 봐. 그러고는 싹이 트기를 기다려 봐.

우리가 먹는 채소들은
땅 위로 자라는 것도 있고
땅 밑으로 자라는 것도 있어.
나중에 어떤 식물을 심으면
좋을지 식물들을 관찰해 보자.

부추는 꼭 초록색 긴 풀처럼 생겼는데 여러 음식에 양념으로 많이 넣어.

토마토는 남아메리카가 원산지야. 스페인 사람들이 남아메리카에 온 후로 전 세계로 퍼져 나갔어. 식물학적으로는 과일인데, 채소로도 많이 쓰여. 그래서 토마토를 과채류라고 해.

상추는 집에서 기르기 딱 좋은 채소야. 서늘한 걸 좋아해서 봄, 가을에 가장 잘 자라. 주로 봄에 씨를 뿌리면 여름이 되기 전에 쑥쑥 자라. 적상추, 청상추 등 종류도 다양해.

바질은 햇빛과 물을 좋아하는 허브인데 초록색 잎들 사이에 하얀 꽃이 피면 정말 예쁘단다. 약이나 향신료로 쓰여.

근대는 하얀 줄기에 초록색 잎이 달렸어. 시금치랑 비슷해 보이지만 훨씬 잎이 커. 나물 요리로도 먹고 국에 넣어 먹기도 해.

감자는 전 세계 어디에서나 만날 수 있는 덩이줄기 식물로 원산지는 아메리카야. 여러 조리법이 있는데 감자튀김이 가장 유명해!

당근은 오렌지색 채소로 달고 맛있어. 땅 위로 올라오는 긴 줄기에 작은 잎들이 달려 있고 당근은 땅속에서 자라.

쪽파는 양파와 부추의 사촌이야. 양파보다는 더 작고 여러 음식에 양념으로 주로 사용돼.

시골에 사는 동물들

개와 고양이와 같은 반려동물은 도시에서도 쉽게
만나지만 시골에 가야지만 만나는 동물들이 있어.
바로 소와 닭 그리고 돼지야.
시골에서 동물들은 밭을 갈거나 곡식을 운반하는 등
농사일을 도와주고 식재료가 되기도 하지.
시골에 사는 동물들을 만나러 시골에 가 볼까?

젖소는 하루에 8시간씩 풀을 뜯어 먹는
포유류야. 쇠똥은 아주 좋은 거름으로
땅을 비옥하게 하고 식물들에게 영양분이
된단다. 또한 사람들에게 우유와 고기를
주는 동물이야.

닭은 달걀을 낳고 닭고기가 되기도 하고,
벌레들이 많은 곳을 깨끗하게 해 주는
고마운 새야. 닭이 낳은 달걀 중에서
유정란에서 병아리가 태어나. 병아리들은
언제나 엄마 닭을 졸졸 따라다녀.

돼지는 무척 영리하고 날쌘 동물이야.
못 먹는 게 없는 잡식성 동물이지. 더럽다고
알려져 있는데 그건 사실이 아니야. 진흙탕에서
뒹구는 걸 좋아하는 건 기생충이 있거나
감염된 피부를 깨끗하게 하려고 하는 거야.
돼지는 사람들에게 인기 있는 고기이기도 해.

의성어가 무슨 뜻인지 알고 있니?

소리를 흉내 내는 말이야. 눈을 감고 농장에서 나는 소리를 들어 봐. 어떤 동물이 내는 소리인지 알아 맞춰 보고 공책에 적어 보렴.

암양

숫양

메에에

양은 고기와 우유와 양털을 줘. 양털을 가지고 사람들은 옷감을 짜서 따뜻하게 몸을 보호해. 양은 온순한 포유류야. 그러니까 사람들과 무척 잘 어울려서 살 수 있다는 말이야. 서로 돌보고 보호하려고 무리를 지어서 살아.

말은 포유류로 풀만 먹는 초식 동물이야.
옛날에 말은 사람들이 먼 거리를 여행하거나 무거운 짐을 나를 때 큰 도움을 줬어.

암말

히이잉

망아지

자연이 주는 것에 감사하자

냉장고 탐험하기!
냉장고를 살펴보고 어떤 음식들이 농장에서 온 것인지 알아보자.
각각의 음식들이 어디에서 왔는지 그림으로 그려 봐.
돼지고기로 만든 것인지, 아니면 쇠고기인지, 닭고기인지.
아니면 씨를 뿌려서 땅에서 나온 것인지 말이야.

고기
인간은 잡식 동물이야. 여러 동물의 고기도 먹고 채소와 과일을 먹어. 가장 많이 먹는 고기는 쇠고기, 돼지고기, 닭고기, 양고기야. 고기에는 근육을 이루는 데 필요한 단백질이 있어. 사람들 중에서 고기를 먹지 않는 사람들도 있는데 그런 사람들을 채식주의자라고 불러.

치즈
우유가 숙성 과정을 거치면 치즈가 돼. 피자나 라자냐를 만들 때 많이 쓰이지. 고소한 치즈부터 독특한 향이 나는 치즈까지 종류가 다양해.

달걀
달걀은 인기 있는 식재료야. 여러 종류의 요리에 쓰여. 넌 어떻게 먹는 걸 좋아하니? 기름에 부친 달걀프라이? 아니면 돌돌 말은 계란말이? 말캉하게 찐 계란? 어떤 걸 가장 좋아하니?

빵
들판에 씨를 뿌려 얻은 밀가루와 물로 만들어졌어. 밀은 쌀과 옥수수와 함께 세계에서 가장 많이 재배되는 곡식이야.

꿀
어떤 농장에서는 벌을 키워서 꿀과 로열 젤리를 얻어.

햄
햄은 로마 시대 때부터 먹었다고 알려질 정도로 오래된 음식이야. 돼지 뒷다리로 만들어.

우유
젖소에서 나온 우유를 가장 흔히 많이 마시는데, 우유를 마시는 게 어려운 사람도 있어. 소화를 못 시켜서 말이야.

양털
사람들은 겨울에 따뜻하게 몸을 보호해 줄 옷감을 짜기 위해 양을 기르는 거야. 양털 덕분에 따뜻하게 지낼 수 있는 거지!

3
물의 행성 지구

지구는 물의 행성이라고 할 만큼
지구 표면의 70퍼센트 이상이 물로 이루어져 있어.
과학자들은 지구 생명이 탄생한 곳이 바다라고 해.
바다에 사는 생물들을 만나 보고
신비로운 바다를 탐험해 보자.

해변의 보물들

바다는 해변에 수많은 보물을 남겨 줘.
우리나라는 삼면이 바다인데 각각 다른 특징을 갖고 있어.
동해에는 모래사장이 많고 서해에는 갯벌이 많아.
남해에는 섬들도 여러 개 있지.
주말에 부모님과 바다에 가 보렴. 가서 보물들을 찾아 봐.

불가사리

별 모양으로 많이 알려져 있어. 하지만 거미처럼 생긴 불가사리도 있고 마흔 개의 팔이 달린 불가사리도 있단다.

조개

두 개의 단단한 껍데기가 몸을 둘러싼 연체동물이야. 파도에 밀려 온 조개를 해변에서 쉽게 볼 수 있지. 조개 껍데기는 여러 모양으로 예쁜 게 참 많아. 바지락, 백합, 따개비, 홍합 등 조개의 종류도 다양해.

해파리

투명한 젤리로 된 종처럼 생겼어. 뼈가 없어서 바다 속에서 풍선처럼 둥둥 떠다니지. 혹시라도 바다에서 해파리를 보면 만지지 마. 독을 쏘아서 뭐에 물린 것처럼 따가울 거야.

바다 물벼룩

해변에서 조그만 구멍들을 본 적이 있니? 바로 바다에 사는 물벼룩이 남긴 흔적이야. 물벼룩은 해변에 남은 미역 찌꺼기들을 먹어 치워.

갈매기

바닷가에서 꼭 만나는 새야. 날개가 흰 색이고 노란 부리에 붉은 점이 있지. 바다 위를 날면서 물고기들을 먹고 살아. 무리를 지어 다니는데 갈매기들이 내는 소리 때문에 좀 시끄러울 거야.

모래

모래는 여러 종류가 있어. 어두운 색 모래도 있고 하얀 모래도 있고 황금빛 모래도 있지. 또 아주 가느다란 모래부터 굵은 모래까지 크기도 정말 다양해.

누구의 발자국일까?

모래에 나 있는 발자국을 살펴봐. 해변을 거닌 사람 발자국도 있고 갈매기나 게 발자국도 보일 거야. 그림을 그려서 비교해 보렴.

바다에 사는 생물들

바위틈에도 작은 바다 생물들이 살고 있어.
물론 바닷속엔 우리가 시장에서 본 물고기부터
상어, 고래와 같은 큰 물고기까지!
온갖 종류의 물고기들이 살고 있지.
바다에서 낚시해 봤니? 운이 좋으면 낚시로
물고기를 잡을 수 있을 거야!

연체동물

연체동물은 부드러운 몸을 지닌 무척추동물이야.
조개와 같은 연체동물은 자기 몸을 보호하려고 두 개의 딱딱한 껍데기를
갖고 있어. 바다에 사는 게와 새우, 가재는 갑각류로 몸의 겉면이 딱딱한
외골격으로 싸여 있어.

해조류

해조류는 미역과 다시마, 톳, 김과
같이 바다에서 자라는 광합성 식물을
말해. 식이섬유가 풍부해서 우리나라
사람들이 아주 즐겨 먹는 식재료야.

해마

해마는 말이 아닌 물고기야. 작은
용처럼 생겼는데 대롱처럼 생긴
입으로 새우나 플랑크톤을 먹고
살아. 암컷이 수컷 몸에 알을 낳으면
수컷이 알을 품고 있다가 새끼를
낳는 걸로 유명해.

홍합

두 개의 껍데기 안에 몸을 넣어
보호하는 연체동물이야. 껍데기는
밤색도 있고 검은색도 있어.
너무 맛있어서 멸종될지도 몰라.
그래서 바다에서 잡지 못하게 하는
금지 기간이 있어.

현미경으로 네가 만난 바다의 보물들을 살펴볼까?
수집한 것들을 주의 깊게 관찰해 봐.
조개들, 모래들, 미역들을 말이야.
다르게 보이니? 발견한 것을 그림으로 그려 봐!

바다의 미생물들

현미경으로만 볼 수 있는 아주 작은 생물들이 있어.
미생물들이야! 식물들처럼 광합성을 하는
청록색의 시아노박테리아도 미생물이지.
미생물들 덕분에 바다 생명체들은 진화할 수 있었어.
바닷가에서 녹색 띠를 본다면 그건 미생물들이
일하고 있다는 증거야.

산호

산호는 물속에 사는 식물처럼 보이지만
동물이야! 어떤 산호는 눈길을 끄는
예쁜 색과 모양이지만 바위처럼 보이는
산호들도 있어.

게

게는 몸이 위로 크지 않고
옆으로 더 넓게 자라고 옆으로
걸어. 열 개의 다리가 있는데 그중 하나
혹은 두 개가 더 길어. 그 끝에는 집게처럼
생긴 게 달려 있는데 집게로 작은
달팽이들을 잡아먹어.

바닷속을 탐험하자

게처럼 물 밖에 사는 동물도 있지만 물속에서는 더 많은 동물이 살고 있어. 물고기들과 물개, 고래와 바다뱀 등이 물속 깊은 곳에서 살아.
우리 바다에는 어떤 생명체들이 살고 있을까?

바다에는 얼마나 많은 물고기들이 있을까?

어부들은 잡아 온 물고기들을 부두에서 팔아. 용기를 내서 어부들에게 물고기들을 얼마나 멀리 나가서 잡았는지, 어떤 물고기가 가장 잡기 어려웠는지 물어 보렴. 혹시 남는 작은 물고기가 있다면 조금만 받아서 게들에게 먹이로 줘 보렴.

바다표범

땅에서 움직일 때 쓰는 발톱을 갖고 있지만 바다표범의 발은 지느러미처럼 보여. 수염이 무척 예민해서 물고기들이 지나간 길을 알아내서 따라갈 수 있어.

바다거북

바닷에서 살고 발이 지느러미 역할을 해. 해초를 주로 먹고 6~7월에 해변으로 나와 백 개가 넘는 알을 낳아. 태평양과 인도양의 더운 지역과 아열대 해변에 주로 살고 있어.

고래

지구에서 가장 큰 포유류라고 알려져 있어. 길이가 20미터 이상 되는 고래도 있어! 엄청난 양의 물을 들이키면서 플랑크톤과 작은 유기물들을 먹어. 먹이를 찾아 옮겨 다니며 청력이 무척 좋아.

연어

큰 몸에 비해 머리가 작은 생선이야. 주홍색 고기가 기름지고 맛있어서 사람들이 아주 좋아해. 야생 연어는 자유롭게 다니지만 사람들이 양식하는 연어들도 많아.

황새치

콧날이 오똑하고 주둥이가 칼처럼 길고 납작한 물고기로 깊은 바다에 살면서 연체동물과 물고기를 먹어. 굉장히 빠르게 헤엄치는 물고기야.

상어

가장 뛰어난 바다의 사냥꾼이야. 이빨이 많고 후각이 무척 발달되어 있고 시력도 좋아. 다른 동물들의 움직임을 레이더처럼 감지하는 뛰어난 기관을 갖고 있어.

돌고래

아주 영리하고 사교적인 돌고래는 초음파를 쏴서 물고기들 위치를 찾아내. 제주도에 가면 바다 위를 헤엄쳐 다니는 돌고래들을 볼 수 있어. 운이 좋다면 말이야.

문어

바다의 연체동물이고 육식 동물이야. 머리가 무척 크고 다리가 여덟 개나 있어. 다리에 빨판이 있어서 어디에든 몸을 딱 붙일 수가 있어. 때때로 몸을 숨기려고 주변 환경에 맞춰 몸 색을 변화시킬 수 있어.

45

4
하나뿐인
지구를 보호하자!

지금까지 지구가 얼마나 아름다운지,
지구에 사는 생명체들에 대해 알아보았어.
그런데 지구가 점점 병들어 가고 있어.
지구에 무슨 일들이 일어나고 있는지, 어떻게 하면
지구가 아프지 않게 할 수 있는지 이야기해 줄게.
함께 힘써 줄 거지?

지구 온난화를 알고 있니?

세계 곳곳에서 홍수나 태풍, 토네이도 그리고 긴 가뭄과 40도가 넘는 더위와
극심한 한파 등, 전에 없던 이상 기후 현상들이 자주 일어나고 있어.
왜 이런 일이 일어나는 걸까?
과학자들은 이러한 이상 기후 현상이 지구 온난화 때문에 일어나는 거라고 해.
지구 온난화는 지구의 평균 기온이 점점 높아지는 현상이야.
산업이 발달하며 석유와 석탄과 같은 화석 연료를 많이 쓰면서 공기 중에
이산화 탄소와 메탄과 같은 가스가 늘었고, 이러한 가스들이 지구에서
우주로 빠져나가야 하는 열을 붙잡아서 지구의 평균 기온이 높아진 거야.

지구가 보내는 위험 신호들

지구 온난화로 평균 기온이 높아지면서 지구에는 어떤 변화가 생겼을까?
많은 식물과 동물이 살던 곳에서 더 이상 살 수 없게 되었어.
북극과 남극의 빙하가 녹기 시작했고 심지어 어떤 호수는 완전히 말라 버렸어.
홍수도 예전보다 자주 일어나고 거대한 숲이 파괴되었어.
뉴스에서 이런 이야기 들어본 적 있지?
계절도 전과 같지 않아. 여름은 너무 덥고 겨울은 너무나도 추워졌어.
이 모든 게 지구가 우리에게 보내는 경고야!

빙하가 녹고 있어!

현재 북극과 남극 바다에 떠 있는 빙하가
1979년 위성 관측을 시작한 이래로 가장 적은 면적으로
관측되었어. 육지에 있는 빙하들도 마찬가지야.
매년 4천 톤이 넘는 빙하가 녹아 사라졌어.
북극과 남극은 지구에서 가장 추운 서식지로
극지방에 살고 있는 생명체들은 낮은 기온과 비가 적게
내리는 환경에 적응이 되었어. 예를 들어서 북극곰은
두터운 지방층과 털을 가지고 있어서 추위를 덜 느낀대.
남극에 사는 펭귄들도 추위에 살아남도록 적응이 되었어.
밤낮으로 알이 얼어붙지 않도록 보호할 수 있지.
그런데 빙하가 녹으면 이들은 어떻게 되는 걸까?

빙하가 녹으면

빙하에 살던 동물들이 살 곳을 잃고
먹이를 찾으러 이동하기가 어려워졌어.
바다 온도도 달라져서 물고기들과 조그만
갑각류들은 생존할 수 없게 되었고,
이것을 먹던 동물들도 먹이를 구할 수 없게 되었지.
지구 생태계에서 어떤 한 생명체가 사라지면
지구 전체 생태계에 큰 영향을 끼칠 수밖에 없어.
또, 해수면이 높아지면서 해안 지대가 물에 잠겼어.
투발루처럼 물에 잠겨 사라질 위기에 처한
나라도 생겼단다.

환경 오염이 심각해!

오염은 어떤 장소에 있어서는 안 되는 물질들이 쌓여서 그곳에 피해를 주고 균형을 깨뜨리는 일이야. 예를 들면 숲에 사탕 봉지를 버리는 건 숲에 있어서는 안 되는 쓰레기를 버려서 숲을 오염시키는 거야. 오염된 가스를 공기 중에 배출하거나 바다에 플라스틱이나 공장 폐수와 같은 유해 물질을 버릴 때도 같은 일이 일어나는 거야.
너무 안타깝고 부끄러운 건, 이 모든 오염이 사람들의 활동으로 이루어졌다는 거야. 길거리에 아무렇게나 버려진 담배꽁초부터 잘 썩어 없어지지도 않는 플라스틱 물통만 봐도 무슨 말인지 쉽게 알겠지?

네가 알고 있는 오염을 찾아봐

손에 수첩을 들고 동네를 한 바퀴 돌아봐. 눈에 보이는 오염을 모두 다 적는 거야. 거리에 버려진 휴지 조각이나 담배꽁초, 통조림 캔과 같은 것들이 보이니? 그게 오염이야. 길에서 얼마나 보았어? 재활용을 할 수 있는지 알아봐.

땅의 오염

오염 물질이 땅에 쌓이는 거야.
특히 요즘 문제가 되는 건 바로 플라스틱이야.
플라스틱이나 일회용품은 땅속에 묻어도 썩어서
없어지기까지 수백 년이 걸려.
스티로폼 같은 것도 마찬가지야.
땅이 오염되면 땅에 사는 생명들은 죽거나 심각한
병에 걸려. 이러한 위험은 인간도 피해 갈 수 없어.
땅이 오염되면 지하수와 하천도 깨끗할 수 없어.
또, 오염된 땅에서 자란 채소와 곡물을 사람들이
먹는다고 생각해 봐. 어떤 일이 일어날까?
쓰레기를 매립하고 있는 땅도 점점 부족한데
쓰레기는 줄어들지 않고 점점 늘어나고 있지.
쓰레기는 인류가 해결해야 할 아주 큰 문제야.

공기 오염

인간은 공기 없이는 단 한 순간도 살 수 없어.
그런데 산업이 발달하면서 깨끗한 공기를 만나기가
쉽지 않게 되었어. 지구 기온을 높이는 온실가스가
늘어나는 것도 문제인데 잘 알겠지만 공장 굴뚝에서
배출하는 미세 먼지도 사람들의 건강을 위협하고 있어.
이제 환경 오염 전문가가 되었으니 공기를
오염시키는 게 무엇인지 알아낼 수 있을 거야.
그림을 관찰하고 한번 찾아봐!
자동차와 버스와 비행기와 배의 배기구에서
이산화 탄소 같은 가스들이 대기권으로 퍼져 나가는
모습이 보일 거야.

오염의 원인이 되는 다른 가스들

소가 뀌는 방귀도 환경 오염을 일으키는 원인 중 하나야. 햄버거처럼 쇠고기로 만드는 음식 산업이 발전하면서 사람들은 소를 많이 기르게 되었어. 아마존 밀림 알지? 아마존 밀림은 지구의 허파라고 불릴 만큼 울창한 나무들이 산소를 내뿜었었는데, 소들을 기르려고 엄청나게 많은 나무들을 베어 냈다고 해.
우리가 쇠고기 소비를 줄이면 이런 일이 더 이상 일어나지 않을 거야.

메탄가스

장작을 태워도 공기가 오염돼!

사람들이 캠핑장에서 장작을 태우거나 아궁이에서 불을 때울 때도 공기를 오염시키는 여러 가스들이 나와. 이러한 가스들은 대기와 땅 사이에 머물면서 환경을 오염시켜. 이런 공기 오염의 가장 심각한 결과는 지구 온난화이고 무엇보다 우리 건강도 해칠 수 있어!

쓰레기를 먹는 바다 동물들

바다로 흘러들어 간 비닐을 해파리인 줄 알고 먹고 죽은 바다 동물들이 있다는 걸 알고 있니?
얼마 전에 죽은 바다거북의 배 속을 보니 온갖 플라스틱과 비닐, 쓰레기들도 가득 차 있었어.
그뿐인가. 어부들이 바다에 버린 플라스틱 노끈과 그물에 목이 걸리거나 다리가
걸려 죽은 동물들도 있어. 정말 끔직한 일이지 않니?
바다에는 정말 많은 생명체가 살고 있어. 우리는 바다를 오염시키지 않고
깨끗하게 유지해야 해. 더 이상 사람들이 버린 쓰레기를 먹이인 줄 알고 먹는
바다 동물들이 없도록 말이야!

어떤 동물들이 가장 피해를 입었을까?

바다 동물들이 인간이 버린 쓰레기들 때문에 소중한 목숨을 잃는 일은 정말 슬프고도 끔찍한 일이야. 이러한 슬픈 일들은 부메랑처럼 인간에게 돌아올 수도 있어. 지금부터라도 바다에 가면 보이는 쓰레기들을 주워서 가장 가까운 쓰레기통에 넣어 보자. 플라스틱과 비닐, 일회용품을 쓰지 말도록 하자. 늦지 않았어. 지금부터라도 함께 바다 동물들을 위해 노력해 보자.

바닷가에 갔는데 이렇게 더럽다면 기분이 어떨까? 오염되기 전의 바다는 어떤 모습이었는지 기억하니?

우리가 바다를 오염시키면

어떤 동물들은 플라스틱 그물에 걸려서 꼼짝도 못하게 되었고,
어떤 동물은 비닐을 먹이인 줄 착각하고 먹고 죽었어.
바다가 사람들이 버린 쓰레기와 폐수로 오염되면
바다에 사는 모든 생명체가 병이 들고, 살 수 없을 거야.
그런 바다 생물을 먹고 사는 인간도 무사할 순 없겠지.
바다가 아무리 넓고 넓어도
쓰레기를 버리는 곳이 아니란 걸 기억해 줘.

플라스틱으로 가득한 바다

바다에서 멀리 떨어진 곳에서 버린 쓰레기도 바다를 오염시킬 수 있다는 걸 알고 있니? 사람들은 플라스틱을 참 많이 사용해. 편의점에서 파는 물병부터 슈퍼에서 파는 과일이 담긴 통까지. 아이들이 갖고 노는 장난감도 플라스틱으로 만들어졌지. 사람들은 이제 플라스틱 없이 사는 걸 어렵다고 느낄 거야. 하지만 문제는 다 쓰고 버린 플라스틱이 썩어 없어지는 데는 정말 긴 시간이 걸려. 그래서 우린 플라스틱을 덜 써야 해. 재활용하거나 텀블러에 물을 담아 갖고 다니는 등 플라스틱을 안 쓰도록 노력하자.

연쇄 반응

미역과 다시마와 같은 해조류들이 바다에서 점점 사라져 가고 있어. 해조류는 바다 생물의 먹이이자 삶의 터전인데 바다 오염으로 개체 수가 점점 줄어들고 있어. 그럼 해조류를 먹고 사는 바다 생물들의 삶이 위협받을 거야. 이처럼 한 생물의 문제는 생태계 전체에 영향을 주는 거야. 그리고 사람들 역시 생태계 일원으로 피할 수 없지. 우리는 바다를 쓰레기장으로 쓴 대가를 치르게 될 거야. 그림을 보면서 무엇을 느끼니? 친구들과 가족들과 이야기를 해 보았니? 우리가 사는 곳을 파괴시키는 여러 종류의 오염에 대해서 어떤 생각들을 갖고 있니?

쓰레기를 줄이자!

쓰레기가 늘어날수록 환경이 더 오염된다는 사실을 배웠어.
너무나 당연한 것처럼 들릴지 모르지만 얼마 전까지만 해도
우리가 배출하는 쓰레기의 양에 대한 의식이 없었어.
이제는 점점 노력을 하고 있어.
그래서 쓰레기로 버리기 전에 물건을 재활용하고,
재사용하고, 줄이자는 환경 운동이 일어났어.

재활용!

재활용은 무언가를 쓰레기로 버리기 전에,
다시 활용해서 새로운 물건으로 만들어 쓰게 하는 거야.
그러려면 우선 잘 분류해서 버려야 해.
플라스틱 통은 화분이나 휴대폰 케이스를 만들기 위해
재활용될 수도 있고 사용한 종이로는 또 새로운 종이를 만들 수 있어.
재활용을 잘하면 쓰레기 양이 엄청나게 줄어들 거야!

재사용!

재사용은 어떤 상품이나 재료의 생명을 연장해 사용하는 거야.
예를 들어 어떤 물건이 망가졌는데 고쳐서 사용하면 그게 재사용하는 것이야.
아무리 고쳐 쓰려고 해도 더 이상 사용할 수 없게 되면 다른 용도로 사용하는 거야.
예를 들어 손잡이가 없는 컵은 화분으로 사용할 수도 있고, 세제가 들었던 병은
물뿌리개로 재사용할 수 있어. 중요한 건 어떤 물건이 바로 쓰레기통으로
들어가지 않도록 하는 거야.

아껴 쓰기!

물과 전기를 아껴 쓰는 것도 중요해.
지구의 자원은 무한정으로 있지 않으니까.
그리고 유행하는 장난감이 갖고 싶을 때,
정말 꼭 필요한 건지 잘 생각해 봐.
"얼마 못 가 쓰레기통에 버려지지 않을까?" 하고
말이야. 일회용품은 더욱 더 쓰지 말아야겠지?

퇴비
음식물 쓰레기, 죽은 식물 등 유기물 찌꺼기로
비료를 만들어 보자. 쓰레기를 줄이는 하나의
방법이기도 해. 왜냐하면 시들어 버린
식물들을 분리하면 쓰레기의 양이 줄어드니까.

어떻게 퇴비를 만들까?
스티로폼에 과일 껍질과 먹다 남거나
상한 채소들을 넣고 흙과 식물의 잎을 섞어 봐.
물을 조금 뿌려 주고 매일 뒤섞어 주면
정원에서 쓸 수 있는 퇴비가 만들어져.
땅에 필요한 영양분이 되는 거야.

지구를 위해 행동하자!

우리는 자연환경이 아름다운 지구에 살고 있어.
자연이 파괴되면 우린 지구에서 살기 힘들 거야.
과학자들은 태양계에 있는 다른 행성들을 조사했지만
지구처럼 인류가 살아가기 적합한 행성은 찾지 못했어.
지구는 인류가 아껴 쓰고 보호하고 지켜야 할 터전이야.
지금부터라도 모두 함께 힘을 모아서
아픈 지구가 건강해질 수 있게 노력하자!

하나뿐인 소중한 지구의 자연환경을 보호하고 아끼자!

글 엘레나 판토하
디에고 포르탈레스 대학의 기자이자 칼럼니스트로 문화와 과학과 관련한 다양한 활동을 했다.
다른 사람 이야기를 듣고 자기 이야기를 하는 것을 좋아한다.
산책하면서 관찰하고 사진을 찍고 다양한 주제의 글을 쓴다.
작은 일일지라도 더 좋은 세상을 만들기 위해 최선의 노력을 해야 한다고 생각하고 그렇게 살고 있다.

글 안드레아 베르가라
칠레의 메트로폴리탄 교육 대학교의 생물학과 자연 과학 교수이다.
여러 해 동안 산티아나 출판사의 과학 교재 집필을 했고 요즘은 강의실에서 생물학 강의에 전념하고 있다.
작가와 교사로서 사람과 자연이 함께 존중받는 책임 있는 사회를 만들고 싶은 소망을 품고 있다.

그림 파블로 루에버트
글 작가이며 일러스트레이터이다. 철학과 그래픽 디자인을 공부했다.
<뉴욕 타임스>를 비롯한 <더 보스톤 글로브>, <조지 매거진> 등 여러 매체와 작업을 했다.
《우리는 어린이들을 위한 별 가루야》와 《너의 그림자는 무슨 색이야?》에 그림을 그렸다.
가족과 칠레 남부에 살면서 지구를 구하는 노력을 하고 있다.

옮김 김정하
어렸을 때부터 동화 속 인물들과 세계를 좋아했다.
스페인 어린이 문학을 공부하고 스페인과 라틴 아메리카의 어린이 책을 읽으며 우리말로 옮기는 일을 하고 있다.
틈이 나면 동네를 산책하고 좋아하는 오르간 연주를 한다.
옮긴 책으로 《기후 위기, 긴급 처방이 필요해!》,《도서관을 훔친 아이》,《난민 소년과 수상한 이웃》,
《운하의 빛》,《나와 세계》 등이 있다.

행동하는 어린이 시민
우리 집이 사라지고 있어

초판 1쇄 발행 2023년 3월 20일
글 엘레나 판토하 · 안드레아 베르가라 | 그림 파블로 루에버트 | 옮김 김정하
펴낸이 김명희 | 편집 이은희 | 편집 진행 스누피 | 디자인 조은화
펴낸곳 다봄 | 등록 2011년 6월 15일 제2021-000136호
주소 서울시 마포구 토정로 222 한국출판콘텐츠센터 305호
제조국 대한민국 | 사용연령 8세 이상
전화 02-446-0120 | 팩스 0303-0948-0120
전자우편 dabombook@hanmail.net | 인스타그램 instagram.com/dabom_books

ISBN 979-11-92148-54-0 74330
　　　 979-11-92148-27-4 (세트)

※ 책값은 뒤표지에 있습니다.
※ 잘못 만든 책은 구입한 곳에서 교환해 드립니다.
※ 종이에 베이거나 긁히지 않도록 조심하세요. 책 모서리가 날카로우니 던지거나 떨어뜨리지 마세요.
※ KC마크는 이 제품이 공통안전기준에 적합하였음을 의미합니다.

행동하는 어린이 시민

"우리가 꿈꾸고 바라는 미래는
바로 지금, 우리의 행동으로 이루어집니다!"

오늘날 지구촌 곳곳이 극심한 가뭄과 폭우로 몸살을 앓고 있습니다.
지구 기온이 오르며 하루에도 생물 수십 종이 멸종되어 사라졌고,
영구 동토층이 녹아 살던 곳을 떠나야 하는 사람들도 생겼습니다.
인종 차별과 젠더 문제로 사람들 사이의 갈등은 깊어졌고
디지털 기술이 발전하며 그와 관련한 온라인 범죄 역시 늘어났습니다.
이제 우리는 지구 생명체의 생존과 인간다운 삶을 위해 행동으로 변화를 일으켜야 합니다.

행동하는 어린이 시민 시리즈는 세계적인 사회 문제에 관심을 기울이며
해결을 위해 적극 참여하는 어린이 시민을 위한 사회 교양서입니다.
기후 위기, 인권, 사회 운동, 문화 다양성, 디지털 시민 등 더 나은 미래를 만드는 데
필요한 사회 이슈들을 깊이 있게 다루며 무엇보다 어린이들이 직접 행동하여
변화를 일으킬 수 있는 방법을 상세히 알려 줍니다.

어린이도 사회의 구성원으로 정의롭지 않은 것을 구별하고 잘못된 일을 바로잡는 데
의견을 내고 행동할 수 있는 시민입니다. 어린이 시민 한 명의 행동이 더 나은 미래로 나아가는
커다란 한걸음입니다. 그 한걸음에 이 시리즈가 도움이 될 것입니다.

〈시리즈 구성〉

지구는 일회용이 아니야
지속 가능한 세상을 위한 오늘의 실천

기후 위기, 긴급 처방이 필요해!
지구 온도 1.5도 상승을 막는 해결책

나도 세상을 바꿀 수 있어
어린이 활동가를 위한 안내서

우리는 슬기로운 디지털 시민입니까?
건강한 디지털 세상을 여는 미디어 리터러시

우리 집이 사라지고 있어
하나뿐인 지구를 지키는 환경 탐험

우리는 다르니까 함께해야 해
다름을 존중하는 문화 다양성